CB074859

De: _____

Para: _____

2008, Editora Fundamento Ltda.

Editor e edição de texto: Editora Fundamento Ltda.
Capa e editoração eletrônica: Clã Design Ltda.
CTP e impressão: Sociedade Vicente Pallotti

Dados Internacionais de Catalogação na Publicação (CIP)
(Câmara Brasileira do Livro, SP, Brasil)

Ariello, Fabiane
A melhor mãe do mundo — Fabiane Ariello. — 1. ed. — São Paulo / SP: Editora Fundamento Educacional 2008.

1. Mãe - Citações, máximas etc. 2. Mães - Psicologia 3. Mães e filhos I. Título.

08-01160   CDD-158.24

Índices para catálogo sistemático:

1. Filhos e Mães: Relacionamento: Psicologia aplicada
    158.24
2. Mães e Filhos: Relacionamento: Psicologia aplicada
    158.24

Fundação Biblioteca Nacional
Depósito legal na Biblioteca Nacional, conforme Decreto nº 1.825, de dezembro de 1907.
Todos os direitos rservados no Brasil por Editora Fundamento Educacional Ltda.

Impresso no Brasil

Telefone: (41) 3015 9700
E-mail: info@editorafundamento.com.br
Site: www.editorafundamento.com.br

A melhor *Mãe* do mundo

*Para minha mãe, Solange,
meu espelho e minha inspiração.*

Existem alguns dias em que as nuvens negras parecem não se dissipar.

Em que daríamos qualquer coisa para voltar para casa e ficar debaixo das cobertas.

Nesses momentos mais sombrios, somente uma coisa pode fazer o sol surgir novamente: um abraço de mãe.

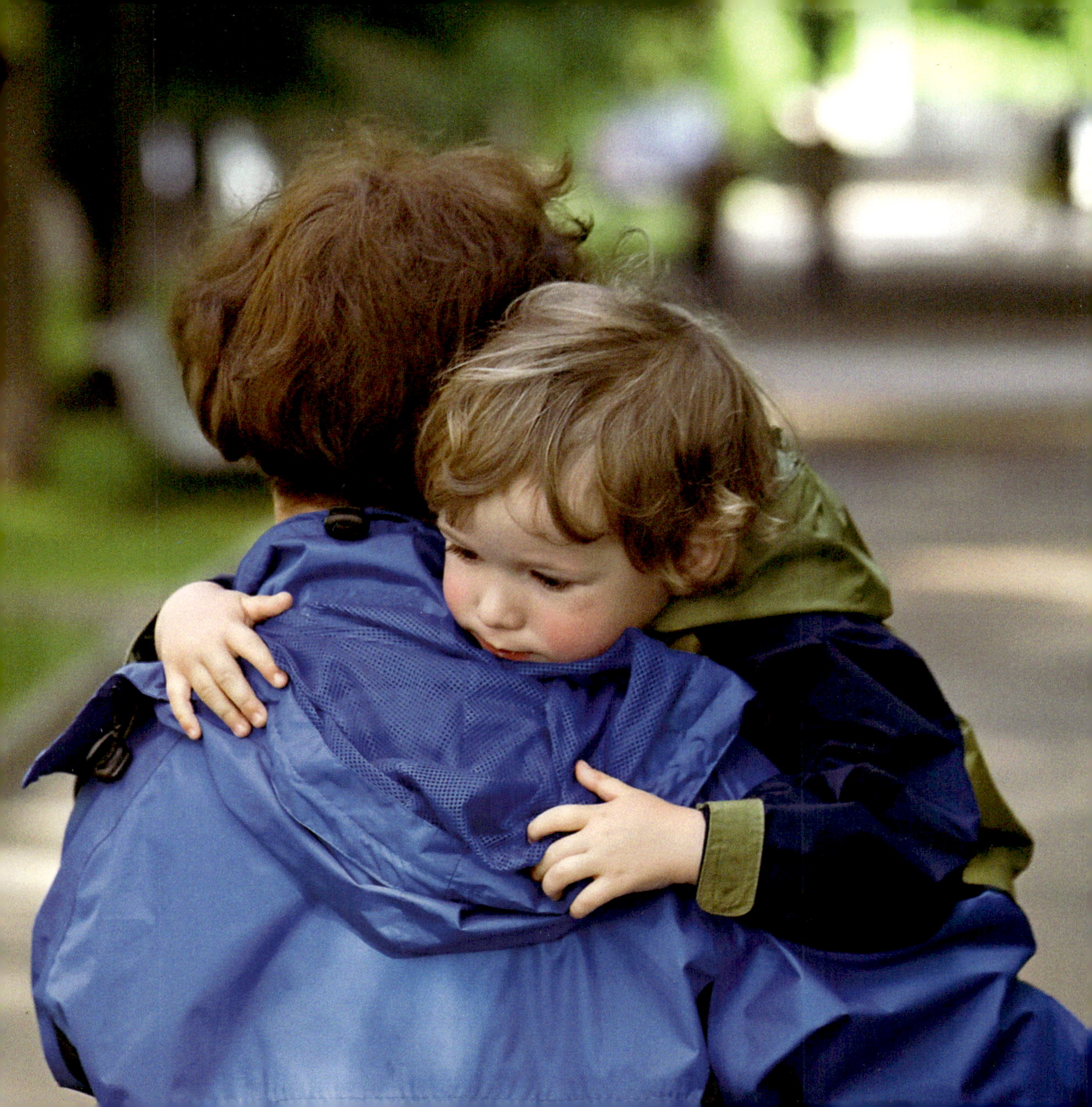

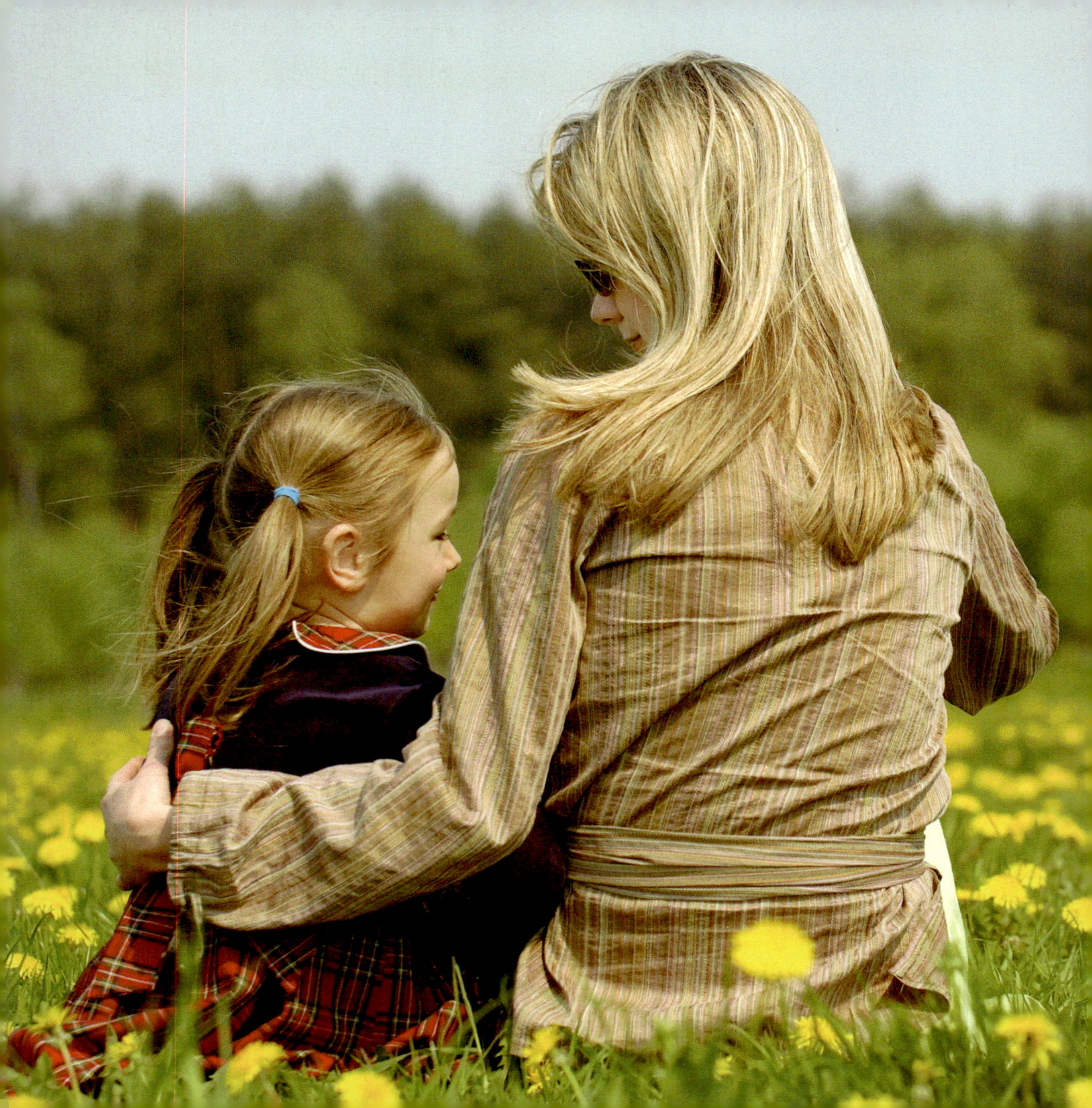

Porque as mães têm poderes especiais que nem mesmo elas sabem quanto são maravilhosos.

Parecem coisas pequenas, mas fazem toda a diferença do mundo!

♡

As mães são especialmente eficientes em transmitir amor por meio de gestos aparentemente simples.

Com um cafuné e um abraço apertado, elas podem transformar os momentos mais tristes em verdadeiras lições de esperança.

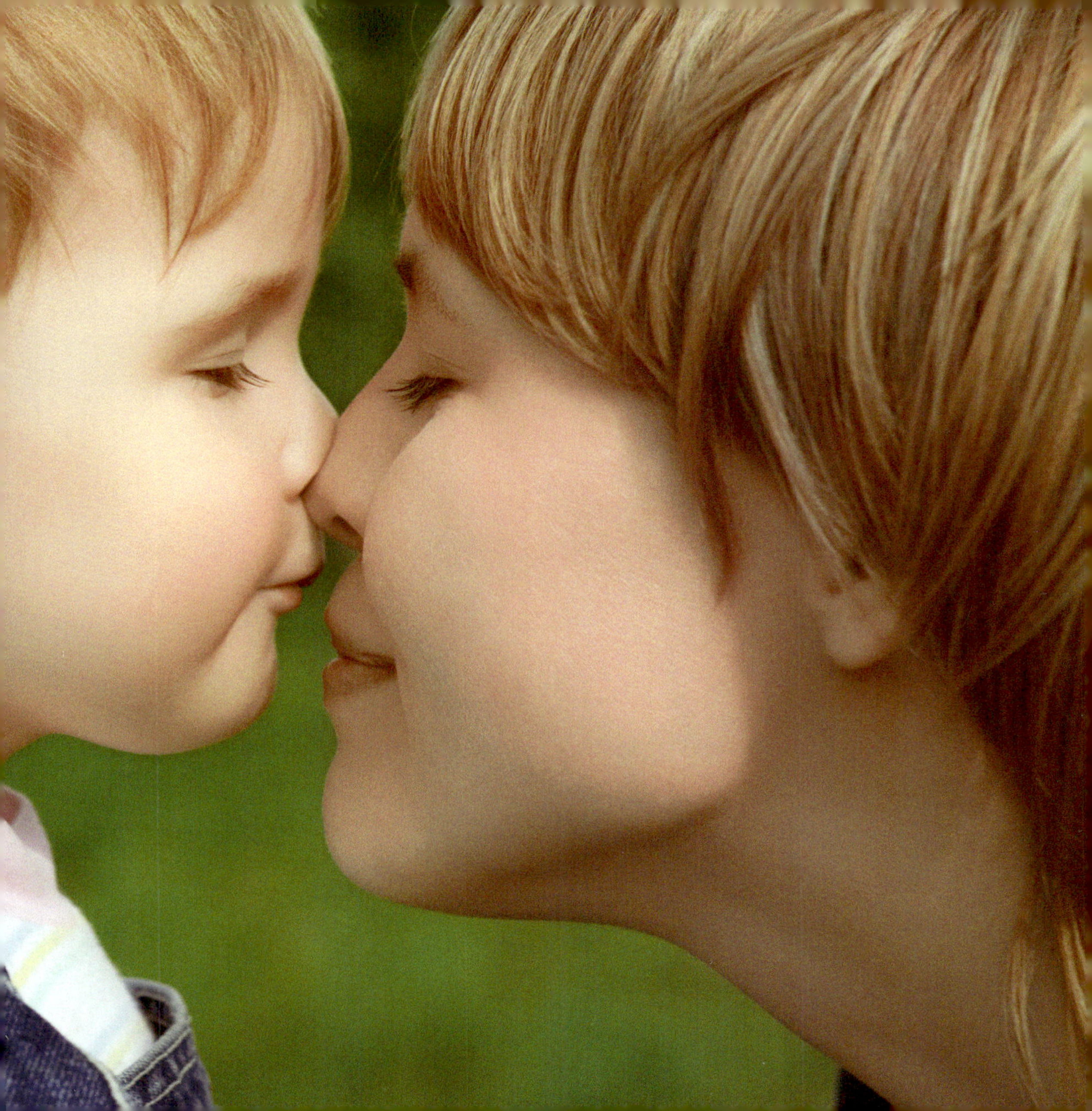

Elas são capazes de nos erguer com um olhar e restaurar toda a nossa confiança. Porque elas acreditam em nós. Sempre.

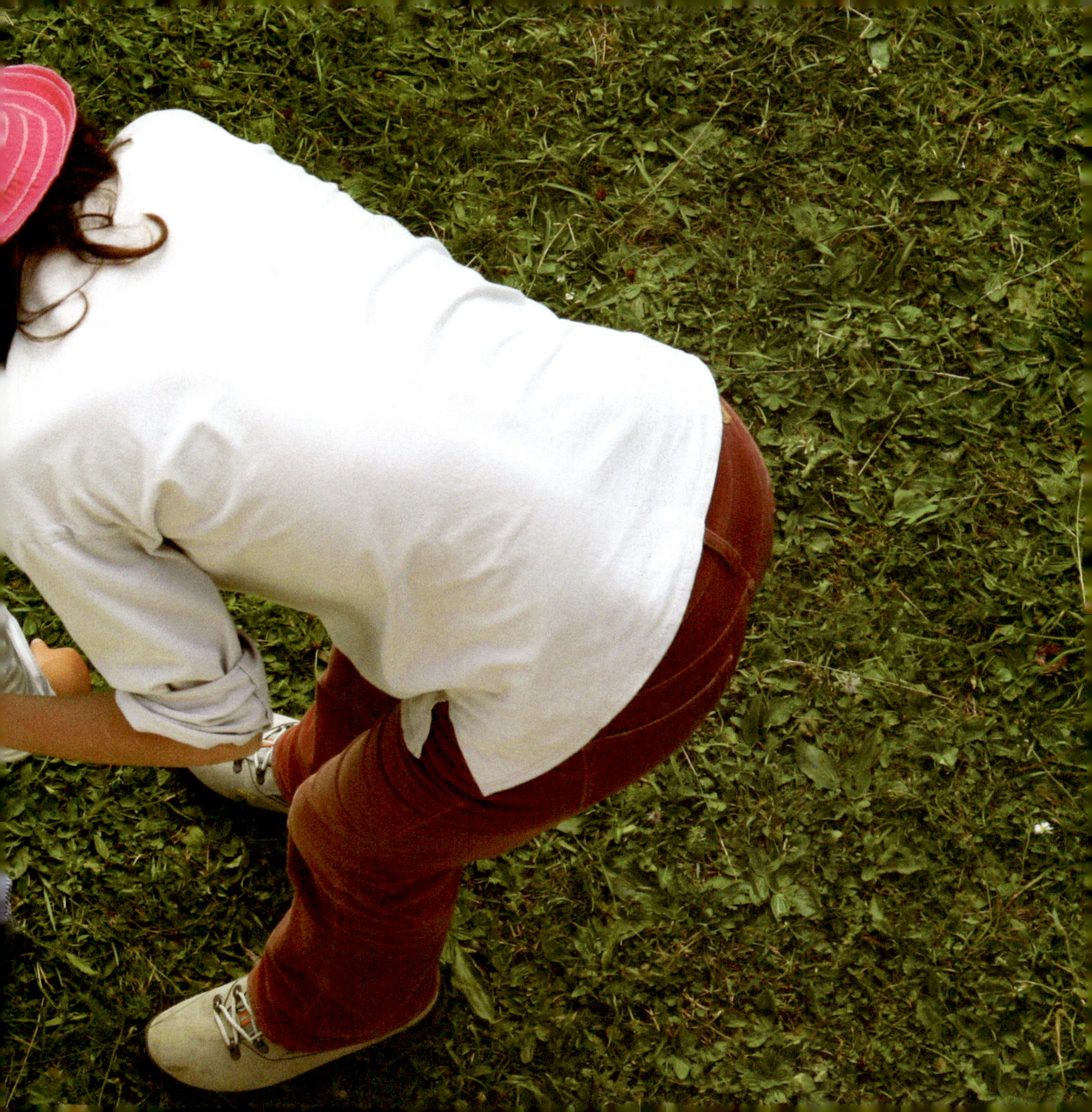

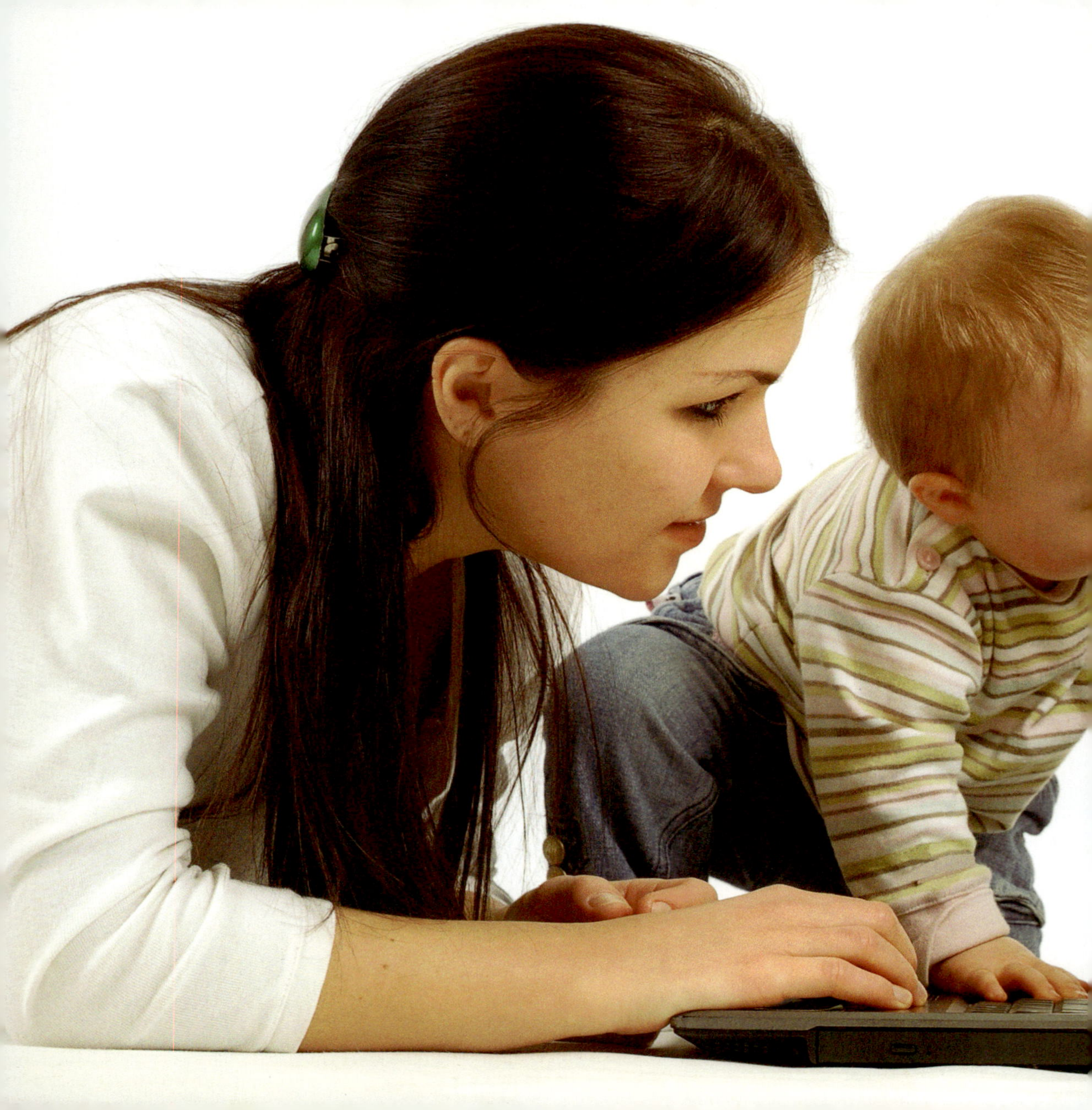

Mães conseguem fazer mil coisas ao mesmo tempo como se cada uma dessas coisas fosse a mais importante do mundo. Em tudo que fazem, colocam um toque de carinho.

♡

As mães podem transformar tardes de chuva em dias inesquecíveis de diversão. Visitas ao médico podem virar momentos de carinho e amizade.

Com um pouquinho de poder de mãe, até ficar doente pode ser bom...

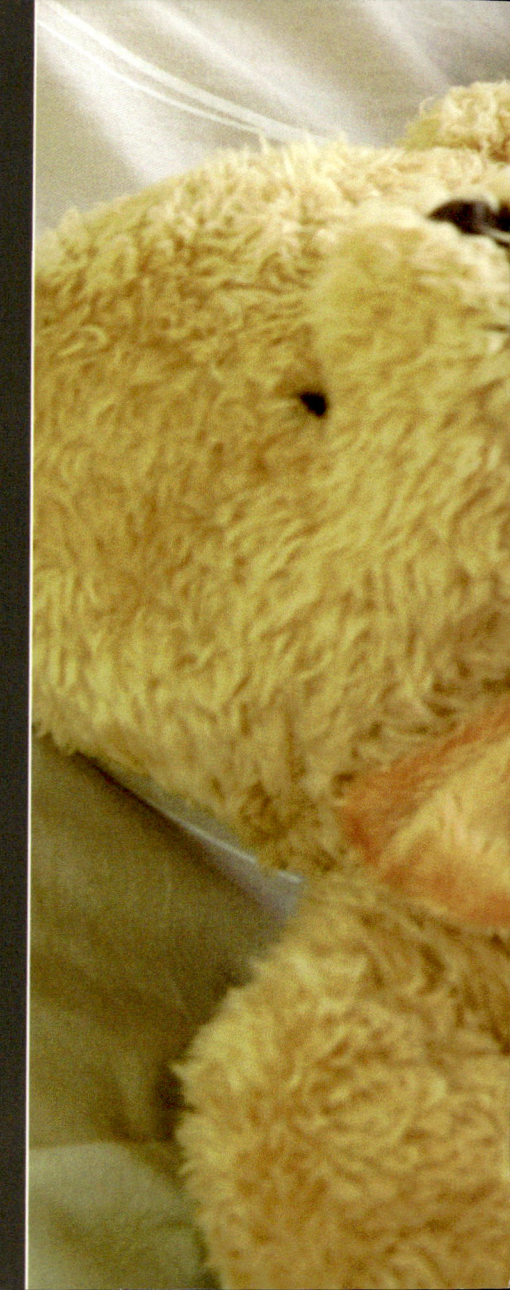

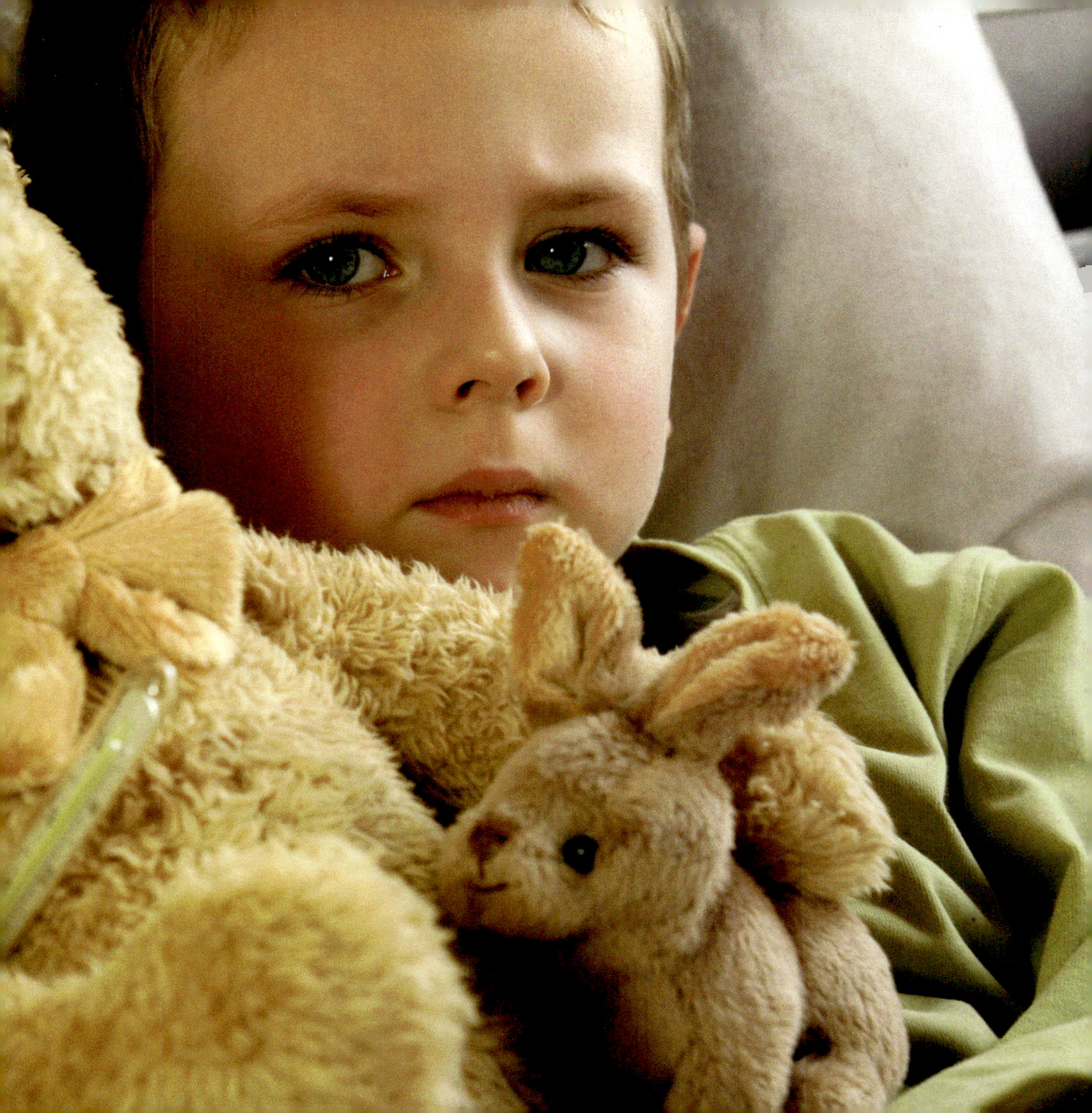

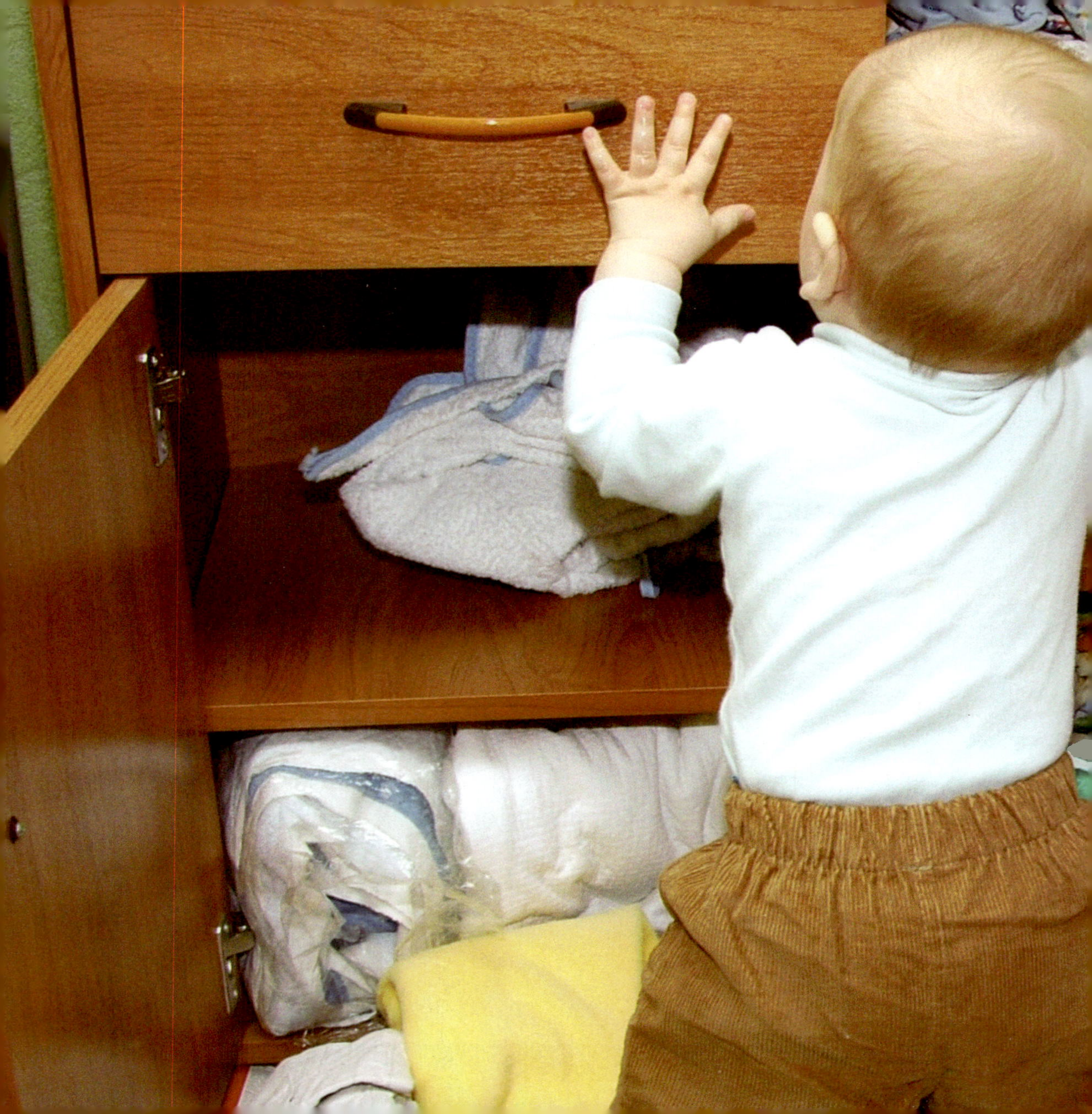

Só elas têm a incrível capacidade de saber onde está o que a gente não consegue encontrar: casacos perdidos, ursinhos preferidos, cadernos da escola... e até aquela certidão de nascimento velha e amarelada.

Porque se dependesse da gente... ih! Cadê?

*Para as mães,
cada coisinha nossa
é a coisa mais importante
do mundo.

Cada passo é uma dádiva,
e cada desenho rabiscado,
um tesouro a ser guardado
para sempre.*

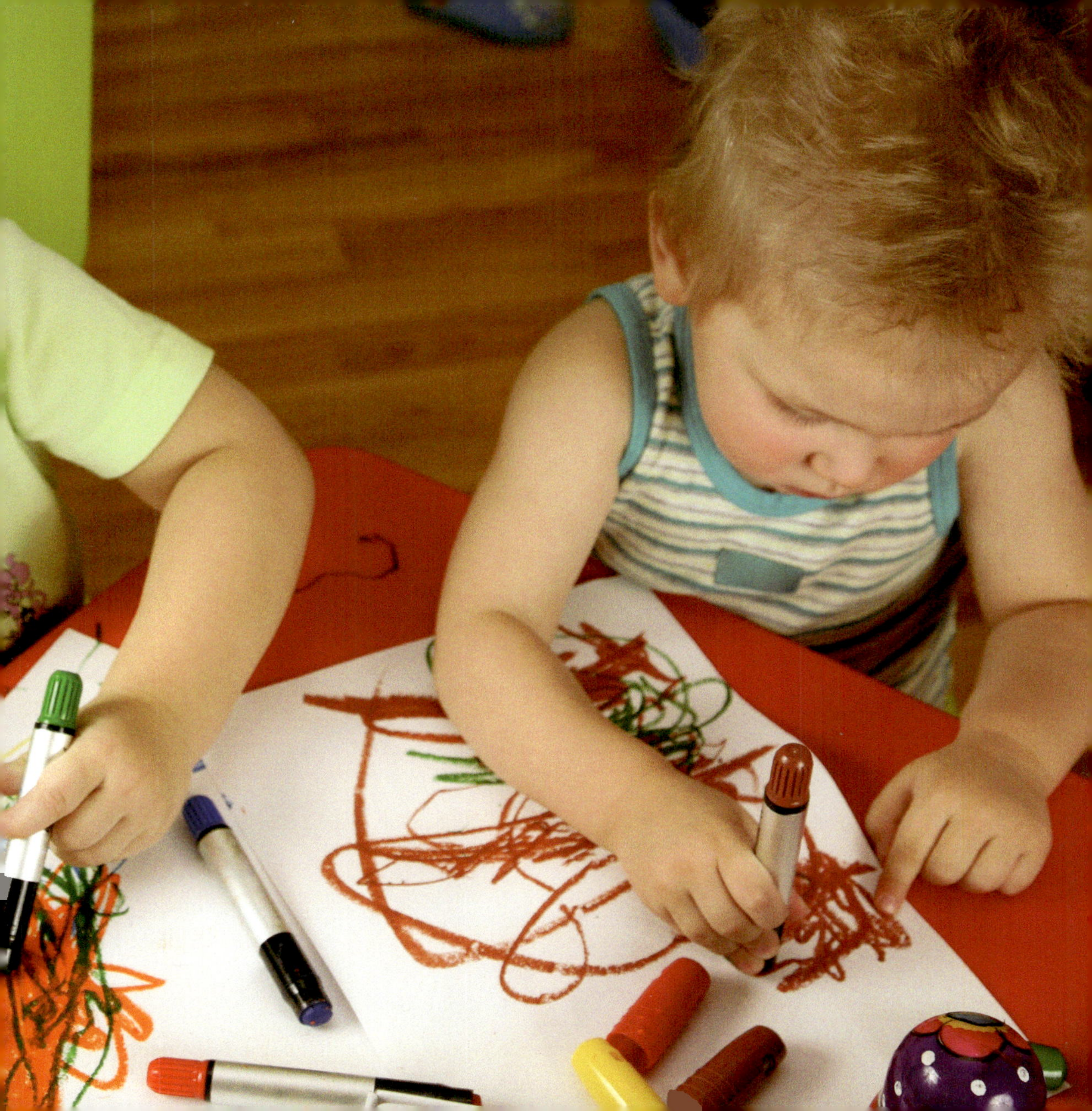

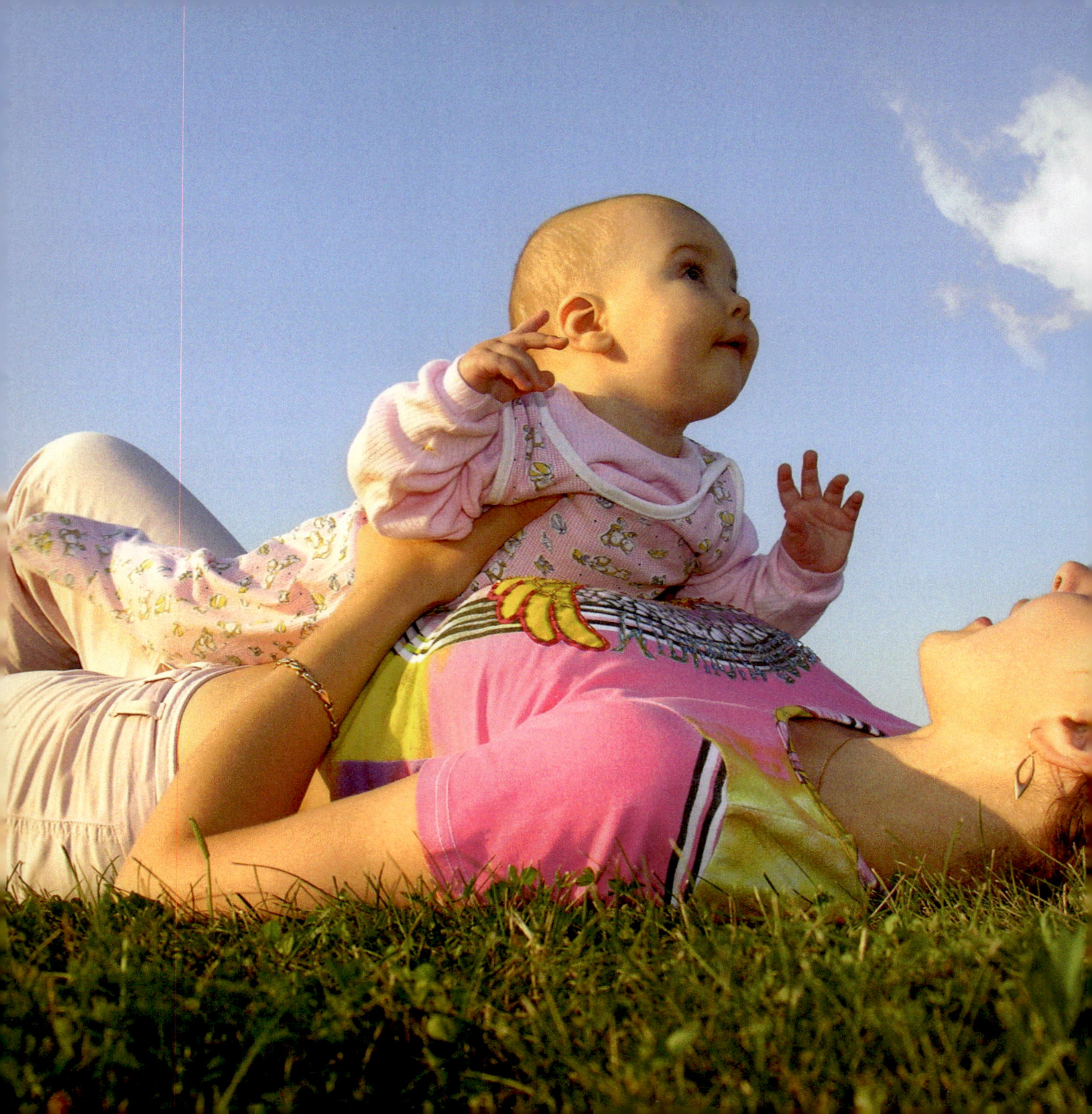

As mães colecionam nossas conquistas e se lembram delas para sempre, mesmo muito tempo depois que as esquecemos.

Elas torcem por nós quando buscamos realizar nossos sonhos.

Todas as mães têm um sorriso que ilumina o mundo...

Mãos que sabem exatamente como curar a dor...

Braços que protegem seus filhos, qualquer que seja a idade deles...

E um estoque inesgotável de paciência, orgulho e força.

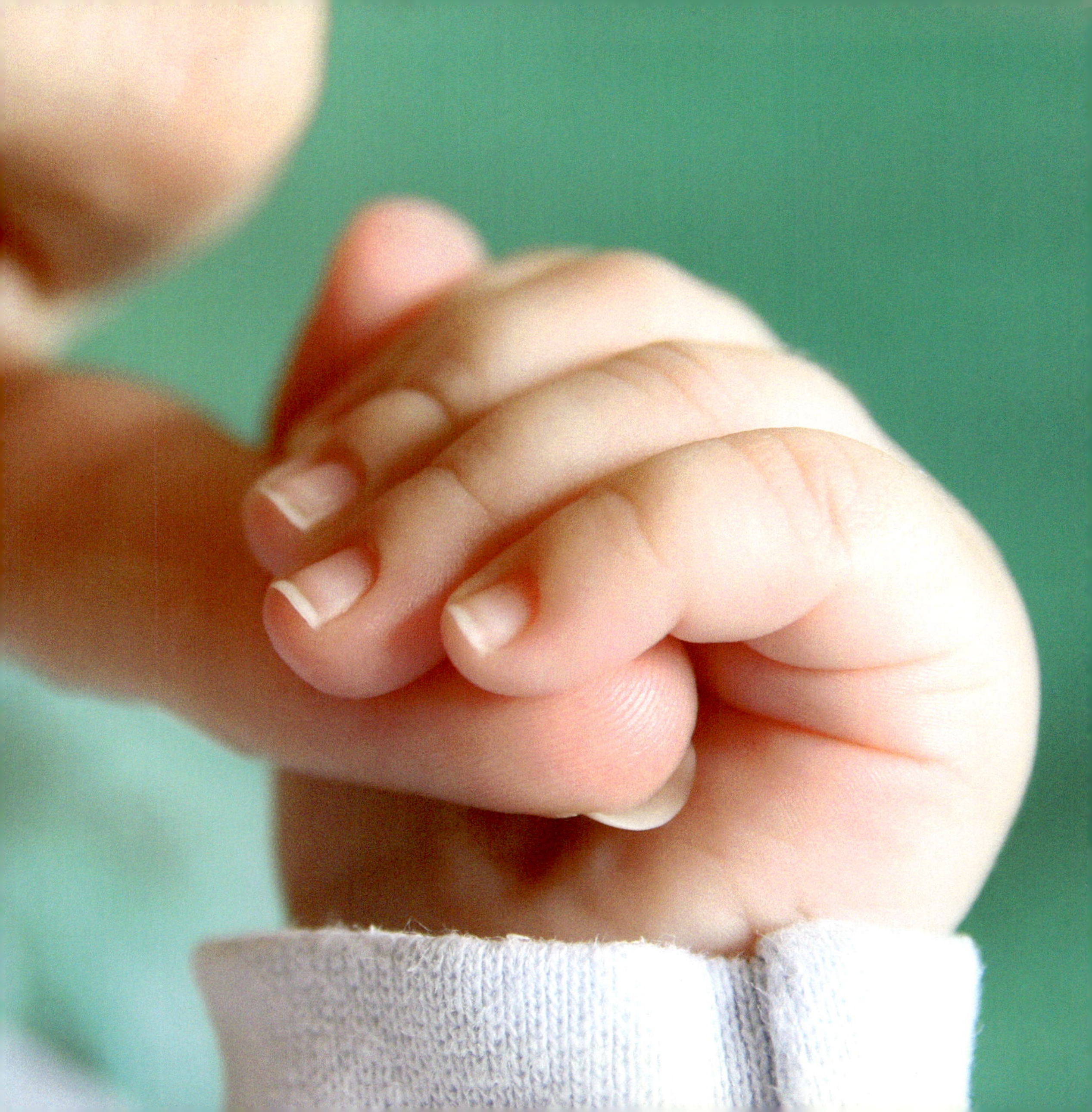

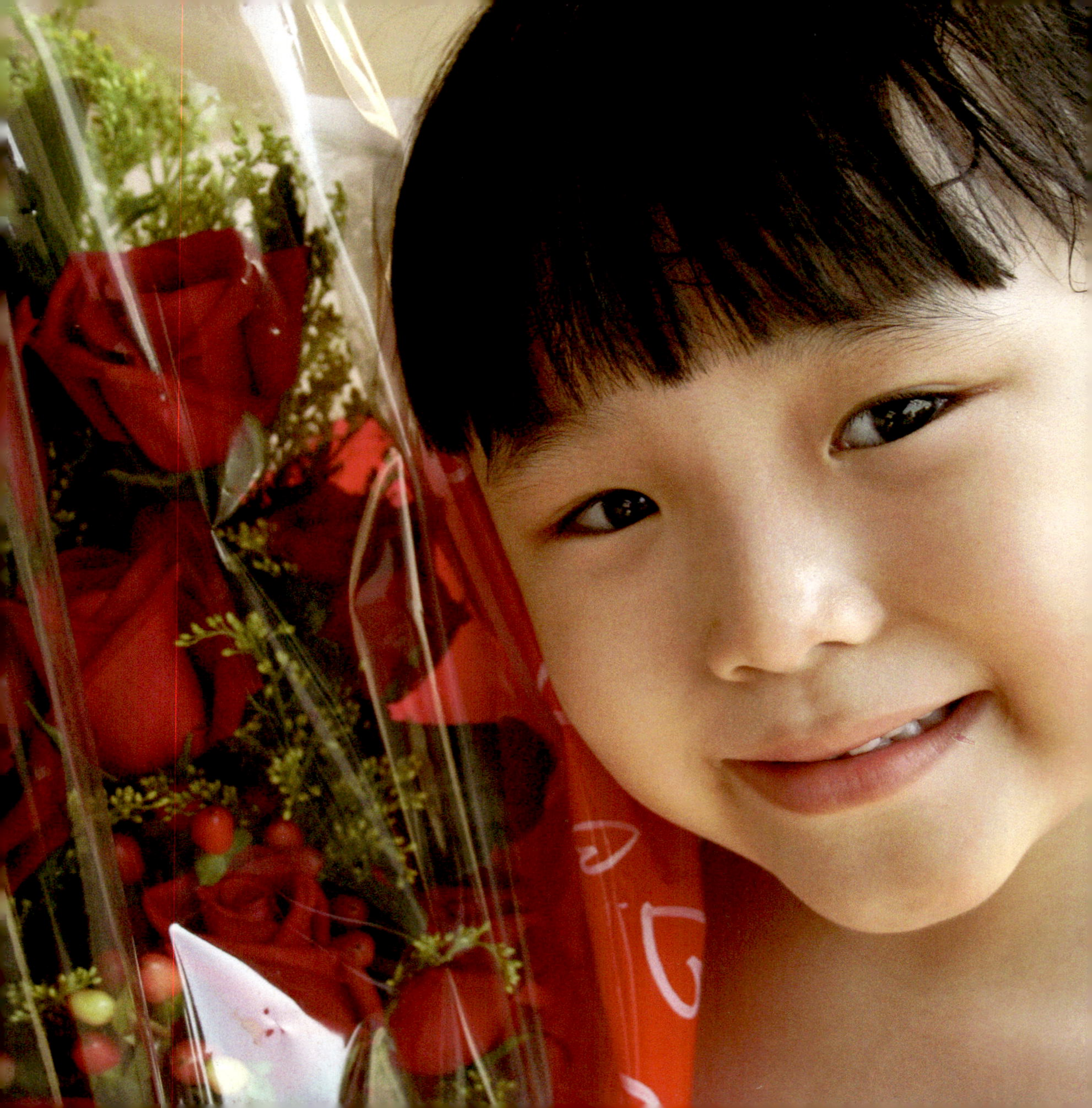

É por isso que toda mãe é a melhor mãe do mundo.

Principalmente a minha!

Agradeço, mãe, por estar ao meu lado, mesmo quando eu não percebo.

Por querer sempre o melhor para mim, mesmo que às vezes eu discorde de você.

Por enxugar minhas lágrimas quando elas caem... e até mesmo por provocá-las quando é preciso.

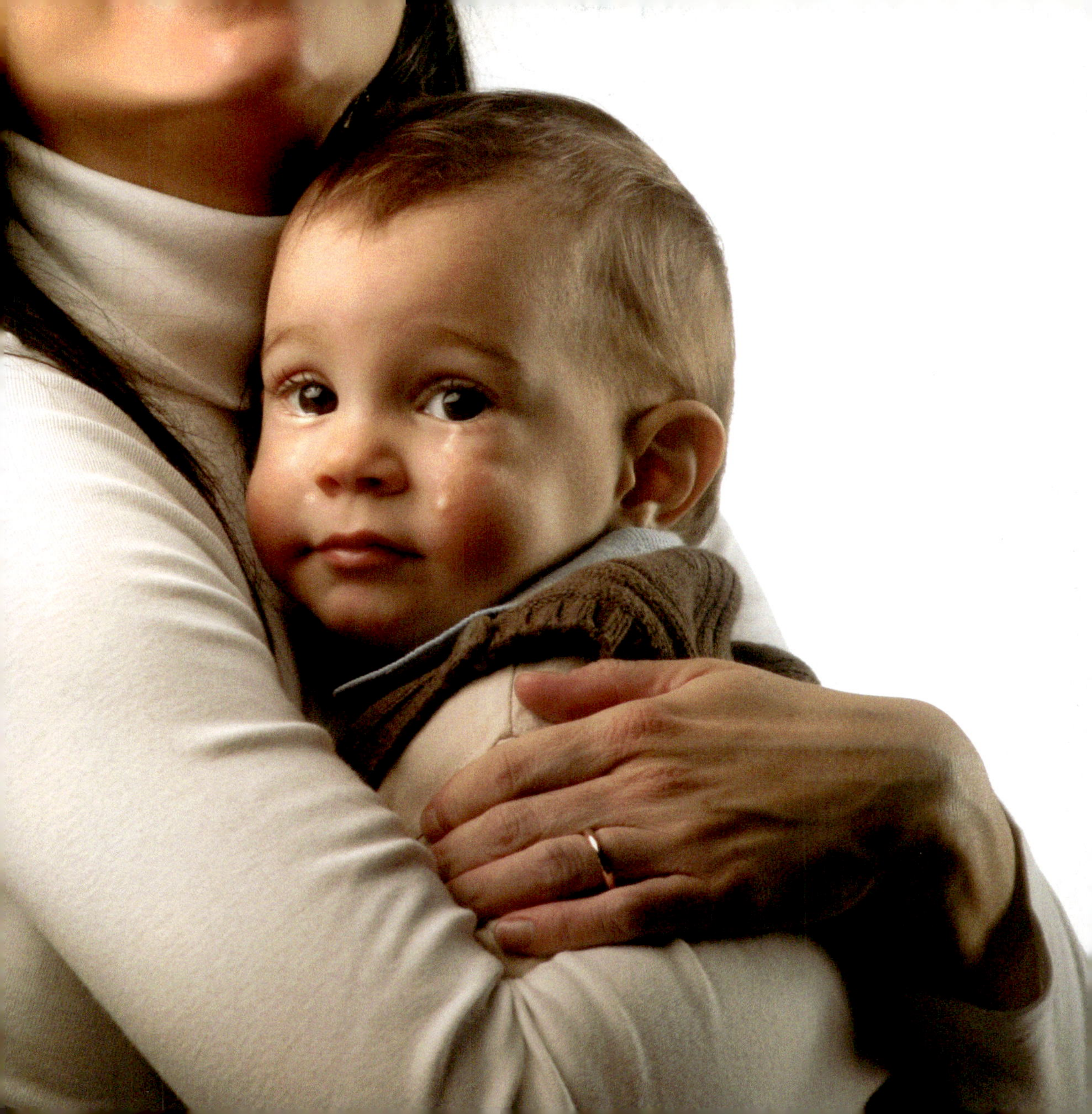

Agradeço por sua mão
amiga e por seu colo.

Por seu ouvido sempre
pronto a receber
os meus segredos.

Pelos doces, pelos
brinquedos, pelos presentes,
por cada pequeno carinho
que me tornou a pessoa
que sou hoje.

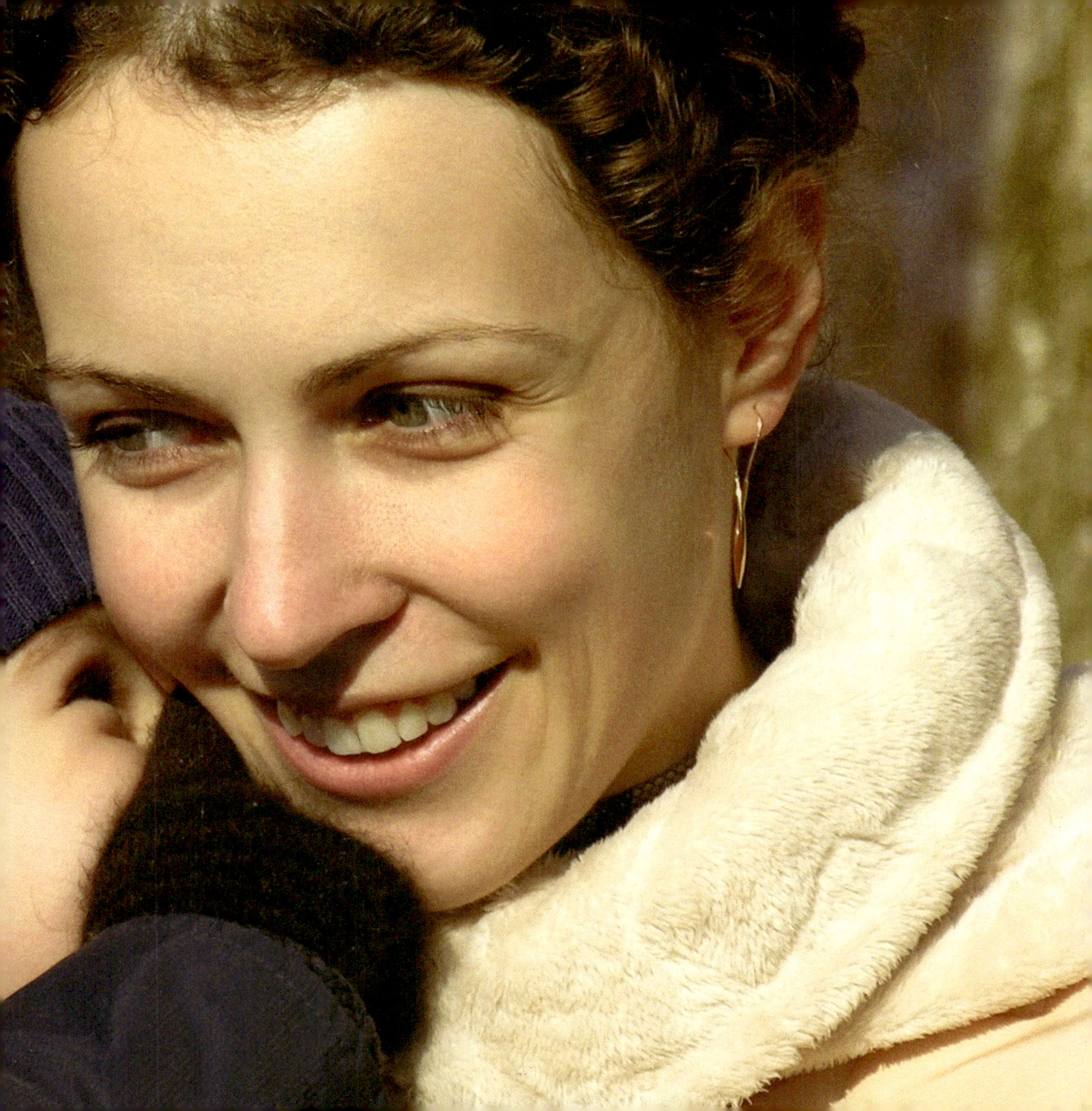

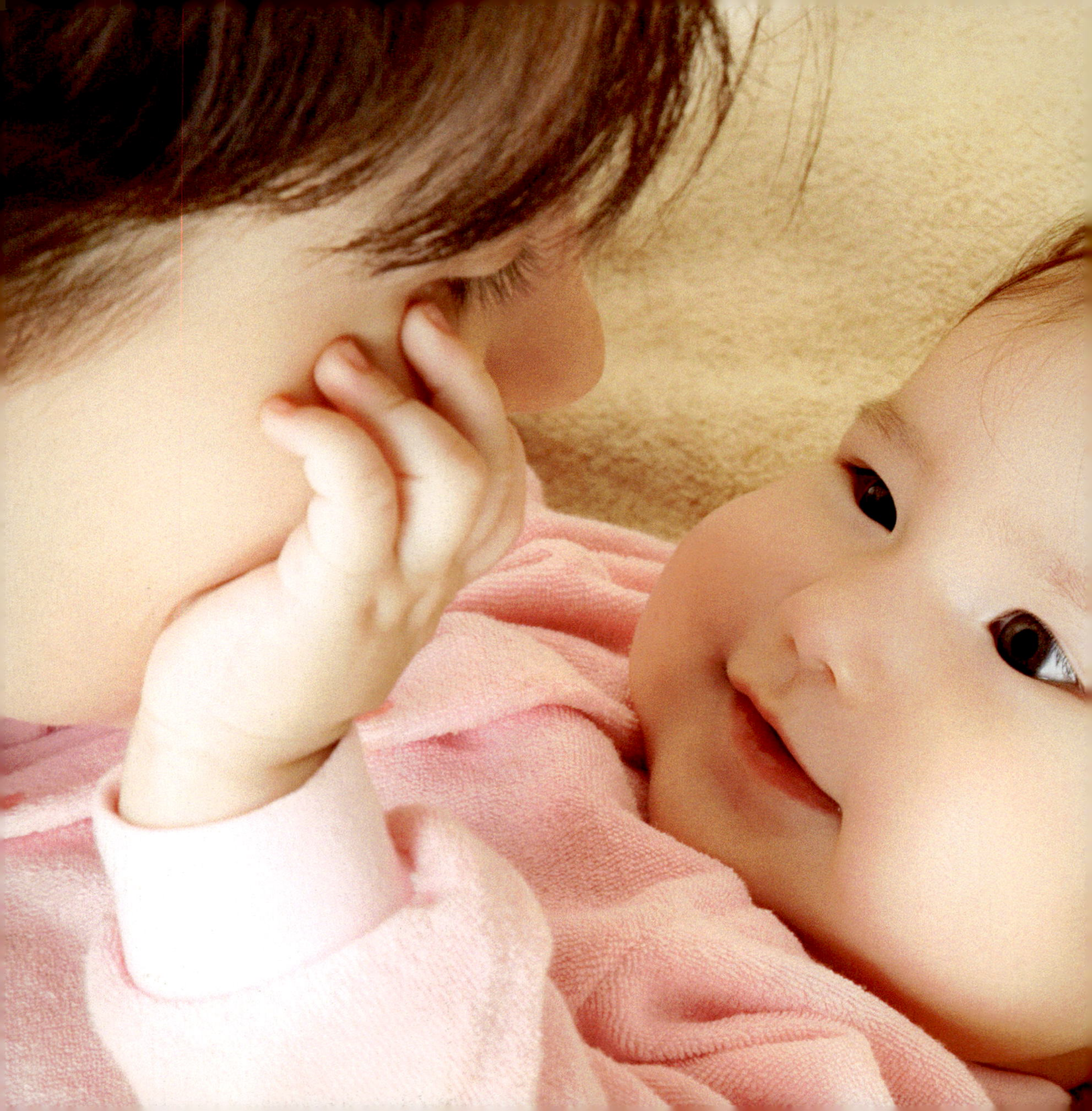

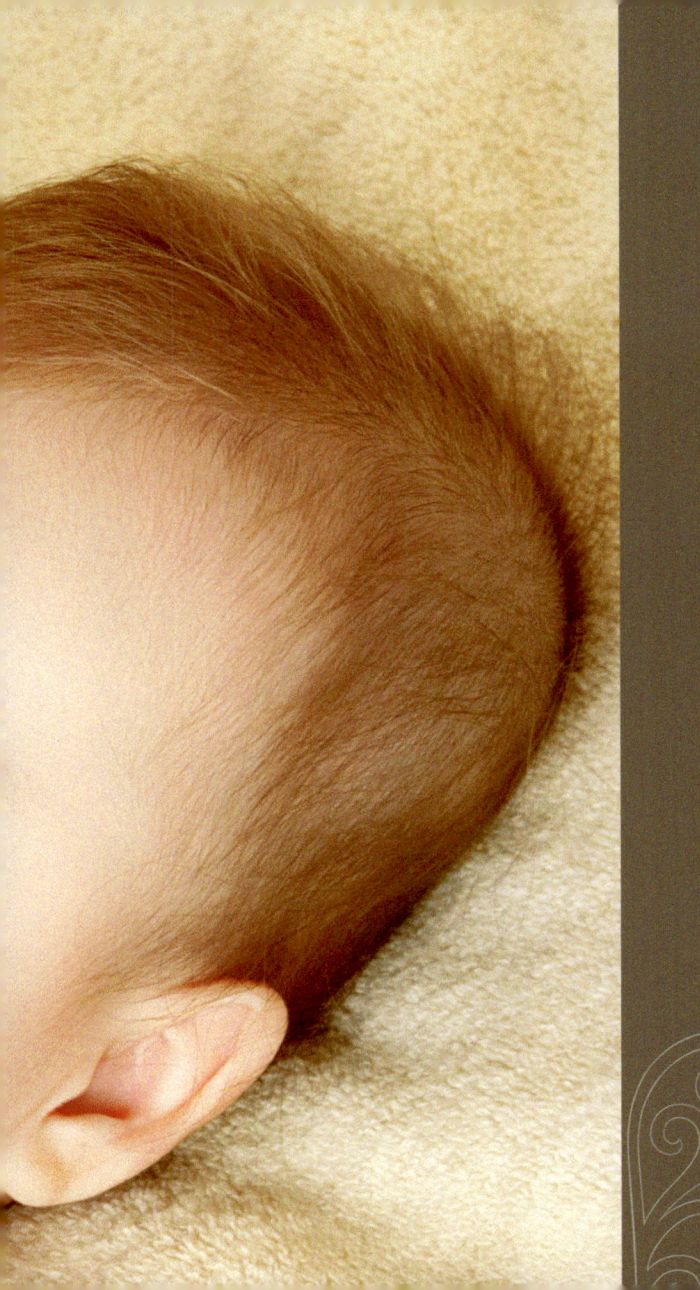

Agradeço por compreender que nem sempre nossos desejos eram os mesmos e também por me permitir seguir o meu destino.

Em cada passo da jornada, o seu sorriso, esse sorriso querido que desde cedo eu reconheço, me acompanha.

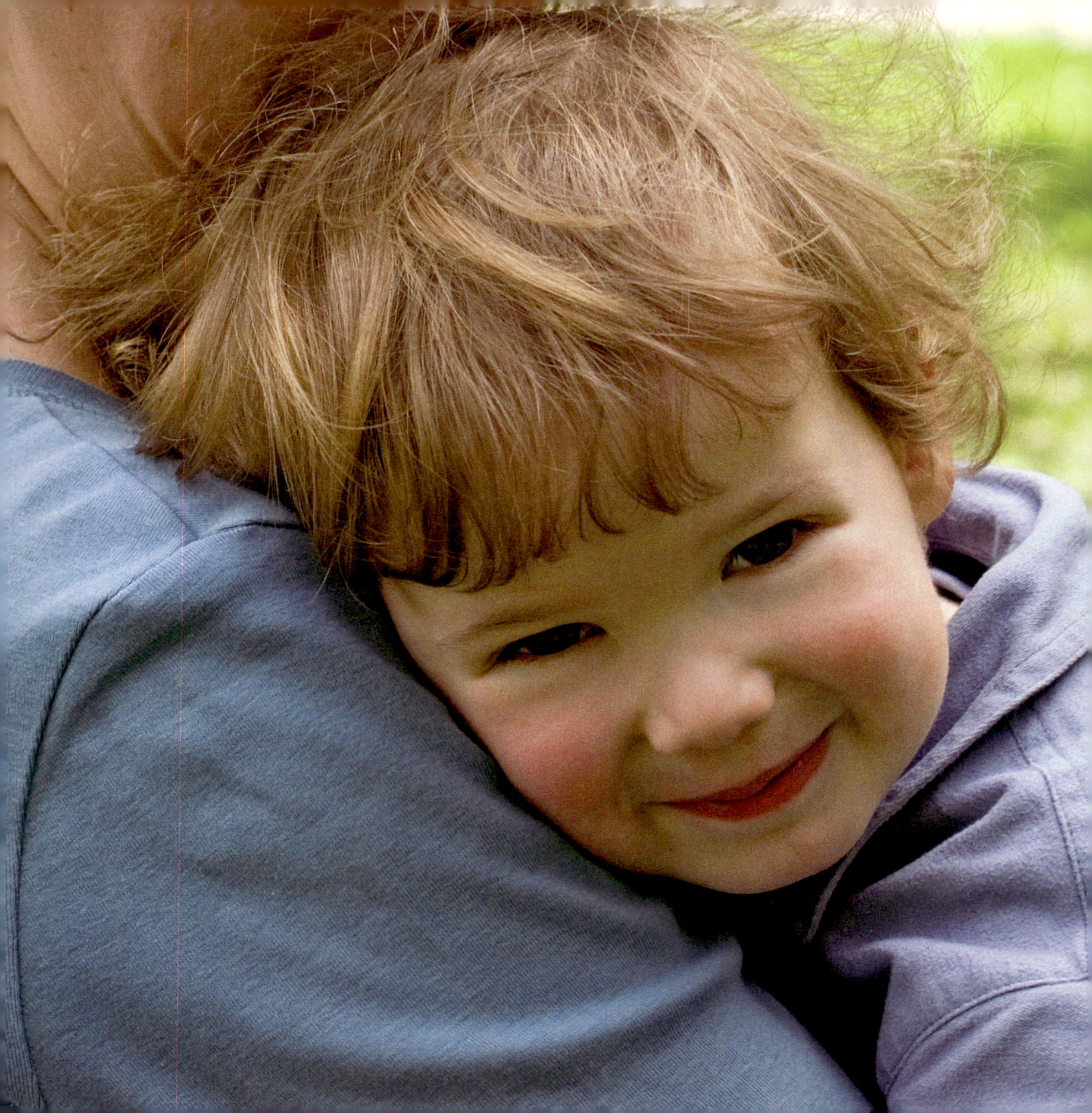

*Não sei se correspondo
a tudo que você
sempre sonhou,
mas pode acreditar:
você é muito melhor
do que qualquer sonho.*

Você é a melhor mãe do mundo!

♡

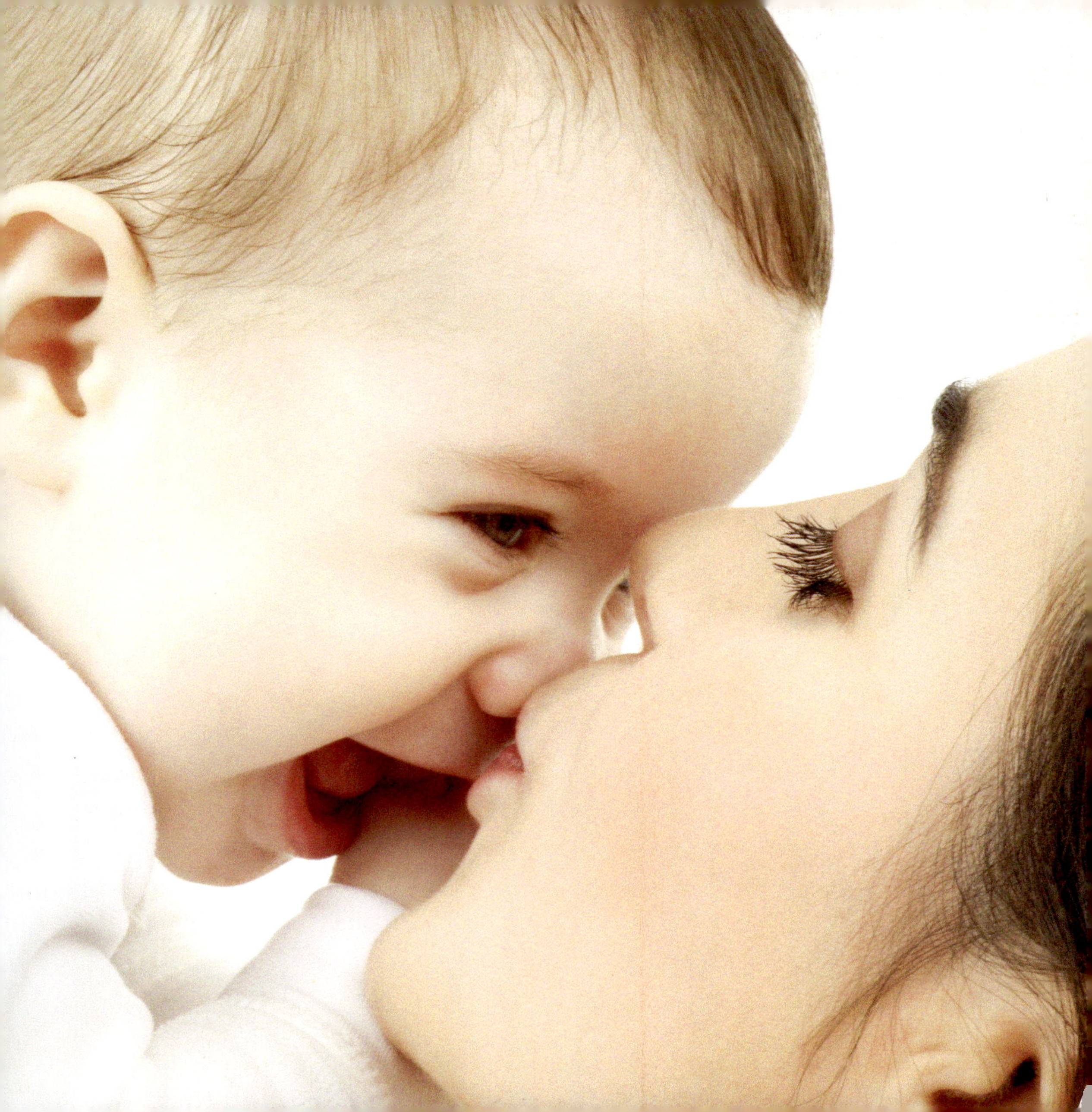